Nos bons moments

et nos

fichus quarts d'heure

PARIS

GEORGES CARRÉ ET C. NAUD, ÉDITEURS

3, rue Racine

1901

LA COMPTABILITÉ DE LA VIE

EN

1901

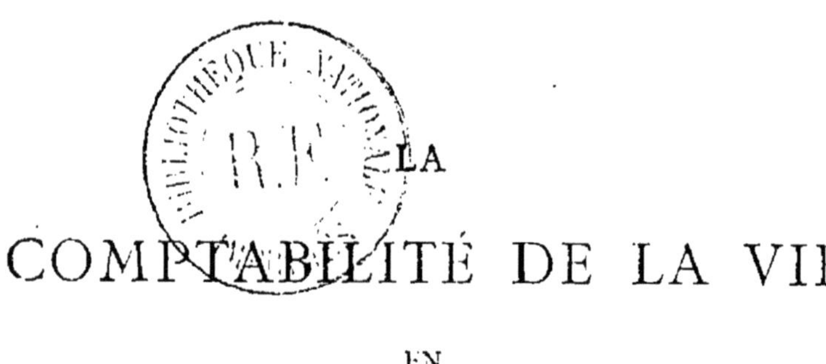

CINQUIÈME TIRAGE

LA COMPTABILITÉ DE LA VIE

EN

1901

★★

Nos bons moments

et nos

fichus quarts d'heure

> « Il doit exister quelque part
> « un grand livre relié en cuir
> « vert avec des coins de cuivre,
> « sur lequel sont inscrits, par
> « *doit* et *avoir*, nos bons mo-
> « ments et nos fichus quarts
> « d'heure. »
>
> (FRANÇOIS COPPÉE.)

PARIS

GEORGES CARRÉ ET C. NAUD, ÉDITEURS

3, rue Racine

—

1901

$$\text{Répertoire des Jours Heureux et des Jours Malheureux}$$

ÉVÈNEMENTS HEUREUX		ÉVÈNEMENTS MALHEUREUX	
Dans la Famille — Naissances....................	....	**Dans la Famille** — Naissances....................	....
Mariages	....	Mariages	....
Décès	....	Décès	....
Réconciliations...............	....	Brouilles	....
Anniversaires et fêtes.........	....	Anniversaires	....
Dans la Carrière — Débuts favorables.............	....	**Dans la Carrière** — Débuts défavorables...........	....
Développement, avancement....	....	Déclin	....
Récompenses, succès..........	....	Perte, ruine.................	....
Réalisation de gains et bénéfices.	....	Argent prêté.................	....
Procès	....	Mécomptes, déceptions.........	....
Rentrées d'argent prêté........	....	Procès.......................	....
Personnels et Intimes — Convalescences et guérisons....	....	**Personnels et Intimes** — Maladies.....................	....
Rencontres, relations agréables..	....	Rencontres, relations fâcheuses.	....
Ruptures	....	Ruptures	....
Amélioration du caractère.......	....	**Accidents** — de voiture......	....
Plaisirs mondains.............	....	de chemin de fer.............	....
Collections	....	de bicyclette....	....
		par imprudence...............	....
		par phénomènes naturels.......	....

« *Il doit exister quelque part*
« *un grand livre relié en cuir vert*
« *avec des coins de cuivre, sur*
« *lequel sont inscrits, par* doit
« *et* avoir, *nos bons moments et*
« *nos fichus quarts d'heure* ».

(François Coppée.)

Le grand livre relié en cuir vert avec des coins de cuivre, sur lequel sont inscrits, par doit et avoir, nos bons moments et nos fichus quarts d'heure, rêvé par M. François Coppée, a existé jadis.

S'il faut en croire le récit des anciens historiens de la Grèce, les sages Cnossiens tenaient une sorte de registre des jours heureux et des jours malheureux, et, comme ils ne comptaient la durée de la vie que d'après le calcul

1901 JANVIER

7 h. 56 à 4 h. 11

1	M	CIRCONCISION
2	M	S. Ursule
3	J	S⁹ Geneviève
4	V	O S. Rigobert
5	S	S. Siméon
6	D	EPIPHANIE
7	L	S⁹ Mélanie
8	M	S. Lucien
9	M	S. Marcelle
10	J	S. Agathon
11	V	S. Théodose
12	S	☾ S. Arcadius
13	D	Bapt. de J.-C.
14	L	S. Hilaire
15	M	S. Maur
16	M	S. Guillaume
17	J	S. Antoine
18	V	Ch. de S. P.
19	S	S. Sulpice
20	D	● S. Sébast.
21	L	S⁹ Agnès
22	M	S. Vincent
23	M	S. Raymond
24	J	S. Timothée
25	V	Conv. S. Paul
26	S	☽ S. Polycar.
27	D	S. J. Chrysost.
28	L	S. Charlemag.
29	M	S. Fr. de Sal.
30	M	S⁹ Bathilde
31	J	S⁹ Marcelle

JOURS HEUREUX	JOURS MALHEUREUX

des premiers, ils ordonnaient d'inscrire
sur leurs tombeaux cette formule :

« Ci-gît un tel qui exista tant d'années
et qui en vécut tant. »

Dans le même ordre d'idées, Horace
ne conseillait-il pas de marquer chaque jour heureux d'une pierre blan-
che :

Alboque dies notanda lapillo.

Que serait, établie de la sorte, la
comptabilité de la vie ?

Un statisticien, quelque peu pes-
simiste, espérons - le, estime qu'un
homme, à quarante ans, n'a en réalité
vécu que trois années de bonheur
complet.

Il déduit d'abord les années de la
première enfance, pendant lesquelles
l'homme n'a d'autre bonheur que de

JANVIER

Mois des marrons glacés, fondants et chocolats,
Mois des Indigestions et Crampes d'estomac ;
La douce Saint-Léger à vos repas servie
Aura vite vaincu Gastrite et Gastralgie.

FÉVRIER

☉ 7 h. 33 à 4 h. 55

1	V	S. Ignace
2	S	PURIFICAT.
3	D	O SEPTUAG.
4	L	S. Gilbert
5	M	Sᵉ Agathe
6	M	Sᵉ Dorothée
7	J	S. Romuald
8	V	S. Jean M.
9	S	Sᵉ Apolline
10	D	SEXAGÉSIME
11	L	☾ S. Adolphe
12	M	Sᵉ Eulalie
13	M	S. Grégoire
14	J	S. Valentin
15	V	S. Faustin
16	S	Sᵉ Julienne
17	D	QUINQUAGES.
18	L	● S. Siméon
19	M	MARDI-GRAS
20	M	CENDRES
21	J	S. Pépin
22	V	Sᵉ Isabelle
23	S	S. Milburne
24	D	QUADRAGES.
25	L	☽ S. Taraise
26	M	S. Nestor
27	M	Sᵉ Honorine
28	J	S. Romain

C s. G. l. r. 14. L. d F.
N. d'or 2. Épacte 10.

JOURS HEUREUX	JOURS MALHEUREUX

ne savoir... apprécier ni comprendre rien de ce qui constitue la vie, soit, de ce chef, 8 années 8

Les maladies, malaises, indispositions. 6

Les deuils, pertes, luttes, déceptions 10

Et comme il convient de n'envisager que le bonheur conscient, à déduire encore les années que représentent les heures de sommeil 13

Au total. 37

Ce qui laisse à un homme de 40 ans, 3 ans de bonheur : 3 années vécues.

Piètre résultat, car le bonheur est la seule préoccupation de l'humanité, ce que Voltaire traduisait par :

FÉVRIER

Bourrasque, pluie et vent ; mois malsain, humide,
Mois de la Fièvre dengue et de la Typhoïde,
Conséquence parfois d'un Gastrique Embarras ;
Employer Saint-Léger dans l'un et l'autre cas.

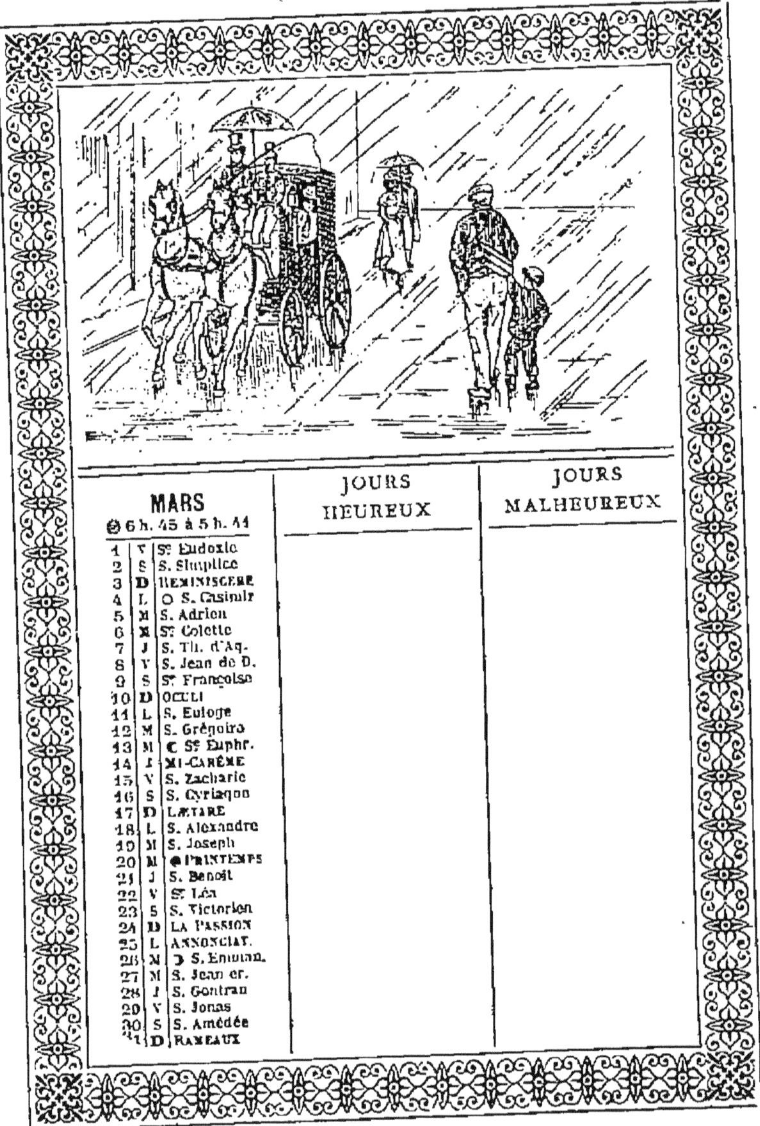

MARS

☉ 6 h. 45 à 5 h. 44

1	V	Sᵉ Eudoxie
2	S	S. Simplice
3	D	REMINISCERE
4	L	○ S. Casimir
5	M	S. Adrien
6	M	Sᵉ Colette
7	J	S. Th. d'Aq.
8	V	S. Jean de D.
9	S	Sᵉ Françoise
10	D	OCULI
11	L	S. Euloge
12	M	S. Grégoire
13	M	☾ Sᵉ Euphr.
14	J	MI-CARÊME
15	V	S. Zacharie
16	S	S. Cyriaque
17	D	LÆTARE
18	L	S. Alexandre
19	M	S. Joseph
20	M	● PRINTEMPS
21	J	S. Benoît
22	V	Sᵉ Léa
23	S	S. Victorien
24	D	LA PASSION
25	L	ANNONCIAT.
26	M	☽ S. Emilian.
27	M	S. Jean er.
28	J	S. Gontran
29	V	S. Jonas
30	S	S. Amédée
31	D	RAMEAUX

JOURS HEUREUX	JOURS MALHEUREUX

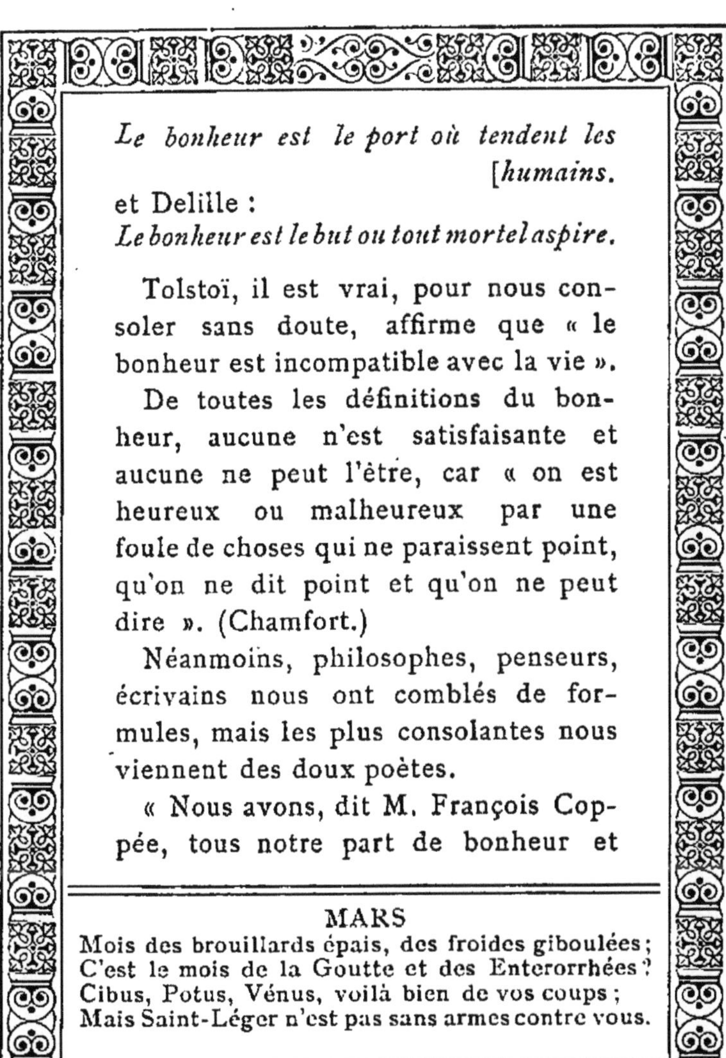

Le bonheur est le port où tendent les
[humains.
et Delille :
Le bonheur est le but ou tout mortel aspire.

Tolstoï, il est vrai, pour nous consoler sans doute, affirme que « le bonheur est incompatible avec la vie ».

De toutes les définitions du bonheur, aucune n'est satisfaisante et aucune ne peut l'être, car « on est heureux ou malheureux par une foule de choses qui ne paraissent point, qu'on ne dit point et qu'on ne peut dire ». (Chamfort.)

Néanmoins, philosophes, penseurs, écrivains nous ont comblés de formules, mais les plus consolantes nous viennent des doux poètes.

« Nous avons, dit M. François Coppée, tous notre part de bonheur et

MARS

Mois des brouillards épais, des froides giboulées ;
C'est le mois de la Goutte et des Enterorrhées ?
Cibus, Potus, Vénus, voilà bien de vos coups ;
Mais Saint-Léger n'est pas sans armes contre vous.

AVRIL
☉ 5 h. 41 à 6 h. 28

			JOURS HEUREUX	JOURS MALHEUREUX
1	L	S. Hugues		
2	M	S. Fr. de P.		
3	M	O S. Irène		
4	J	S. Ambroise		
5	V	S. Vincent-F.		
6	S	S. Célestin		
7	D	PAQUES		
8	L	S. Albert		
9	M	S. Marie ég.		
10	M	S. Macaire		
11	J	☾ S. Léon p.		
12	V	S. Jules		
13	S	S. Irma		
14	D	QUASIMODO		
15	L	S. Anastasie		
16	M	S. Fructueux		
17	M	S. Anicet		
18	J	● S. Parfait		
19	V	S. Léon		
20	S	S. Théodore		
21	D	S. Anselme		
22	L	S. Opportune		
23	M	S. Georges		
24	M	S. Gaston		
25	J	☽ S. Marc		
26	V	S. Clet		
27	S	S. Frédéric		
28	D	S. Aimé		
29	L	S. Robert		
30	M	S. Eutrope		

de malheur. C'est la loi ; et celui qui
pense avec amertume au sort de son
voisin et se dit, la bile dans la bou-
che : « Il est plus heureux que moi »,
n'a pas le sens commun. Qu'en sait-
il ? Que savons-nous des autres ? Les
hommes sont si différents ; ils se con-
naissent, se . pénètrent si peu. Nous
ne possédons pas de pierre de touche
pour éprouver la sensibilité d'autrui.
Ce coup de fortune, qui nous com-
blerait de joie, tombe peut-être sur
un indifférent qui ne s'en soucie
guère ; ce deuil cruel, qui nous réduirait au désespoir, frappe peut-être
un égoïste qui ne le sent pas. Celui-
là, plein de gloire ou d'or, ne sou-
haiterait qu'un peu de santé ; celui-ci,
dont la misère nous émeut, l'oublie

AVRIL
« Quand Avril refleurit, il faut que je me purge »,
Disait Pantagruel à son ami Panurge.
C'est le mois des Boutons, Gourme, Herpès, Eczéma,
Que guérit aisément l'Eau de Carabana.

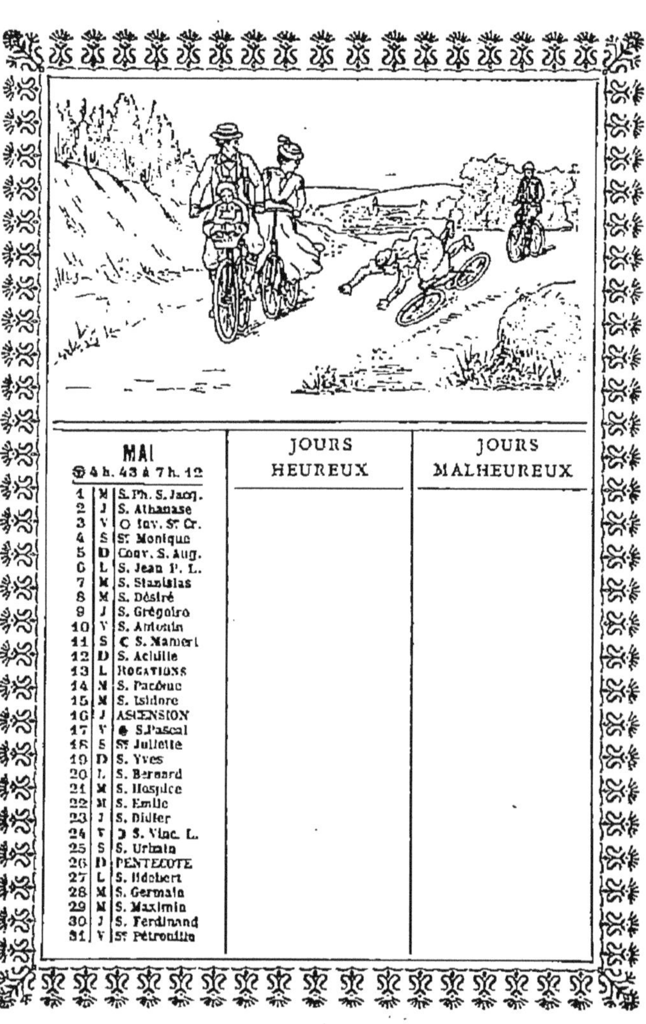

MAI

4 h. 43 à 7 h. 12

			JOURS HEUREUX	JOURS MALHEUREUX
1	M	S. Ph. S. Jacq.		
2	J	S. Athanase		
3	V	O Inv. Ste Cr.		
4	S	Ste Monique		
5	D	Conv. S. Aug.		
6	L	S. Jean P. L.		
7	M	S. Stanislas		
8	M	S. Désiré		
9	J	S. Grégoire		
10	V	S. Antonin		
11	S	ℂ S. Mamert		
12	D	S. Achille		
13	L	ROGATIONS		
14	M	S. Pacôme		
15	M	S. Isidore		
16	J	ASCENSION		
17	V	● S. Pascal		
18	S	Ste Juliette		
19	D	S. Yves		
20	L	S. Bernard		
21	M	S. Hospice		
22	M	S. Emile		
23	J	S. Didier		
24	V	☽ S. Vinc. L.		
25	S	S. Urbain		
26	D	PENTECOTE		
27	L	S. Ildebert		
28	M	S. Germain		
29	M	S. Maximin		
30	J	S. Ferdinand		
31	V	Ste Pétronille		

dans un grand sentiment ou dans un beau rêve. »

Et l'auteur de tant d'œuvres exquises conclut :

« L'instinct est juste, qui nous fait plaindre nos semblables ; car l'ordinaire de la vie, c'est la souffrance. La pitié ne s'inquiète pas de la qualité des douleurs qu'elle rencontre ; elle se contente de les consoler et de les secourir. Restons-lui fidèles. Tâchons que ceux qui nous approchent nous quittent moins tristes et moins malheureux. Et puisqu'on demande une définition du bonheur, j'offre celle-ci :

« Le bonheur, c'est d'en donner ! »

Ce sentiment, Corneille l'avait aussi exprimé :

MAI

Mai n'est pas toujours beau ; parfois le froid renaît,
Ramenant Rhumatisme et Rhume, à moins qu'on
Soin de faire une cure de l'antique Pégée, [n'ait
A Pougues, en valeur dès longtemps estimée.

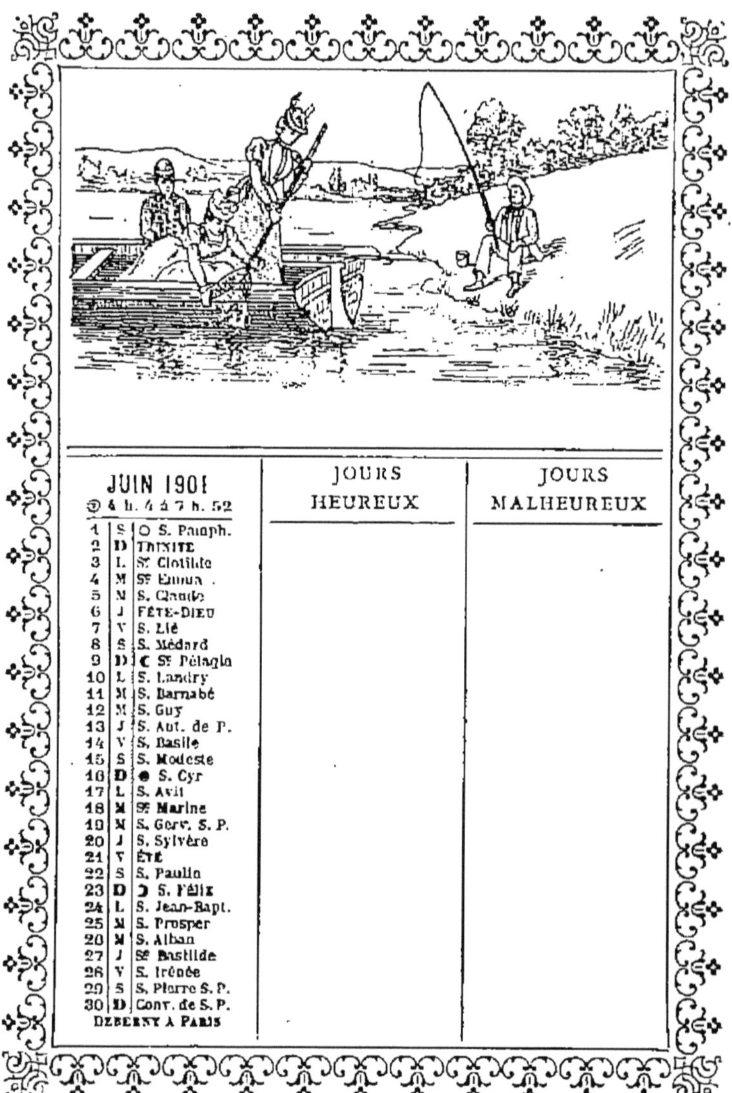

JUIN 1901

☽ 4 h. 4 à 7 h. 52

1	S	○ S. Pamph.
2	D	TRINITÉ
3	L.	Sᵗ Clotilde
4	M	Sᵗ Emma .
5	M	S. Claude
6	J	FÊTE-DIEU
7	V	S. Lié
8	S	S. Médard
9	D	☾ Sᵗ Pélagie
10	L	S. Landry
11	M	S. Barnabé
12	M	S. Guy
13	J	S. Ant. de P.
14	V	S. Basile
15	S	S. Modeste
16	D	● S. Cyr
17	L	S. Avit
18	M	Sᵗ Marine
19	M	S. Gerv. S. P.
20	J	S. Sylvère
21	V	ÉTÉ
22	S	S. Paulin
23	D	☽ S. Félix
24	L	S. Jean-Bapt.
25	M	S. Prosper
26	M	S. Alban
27	J	Sᵗ Bastilde
28	V	S. Irénée
29	S	S. Pierre S. P.
30	D	Conv. de S. P.

DEBERNY A PARIS

JOURS HEUREUX	JOURS MALHEUREUX

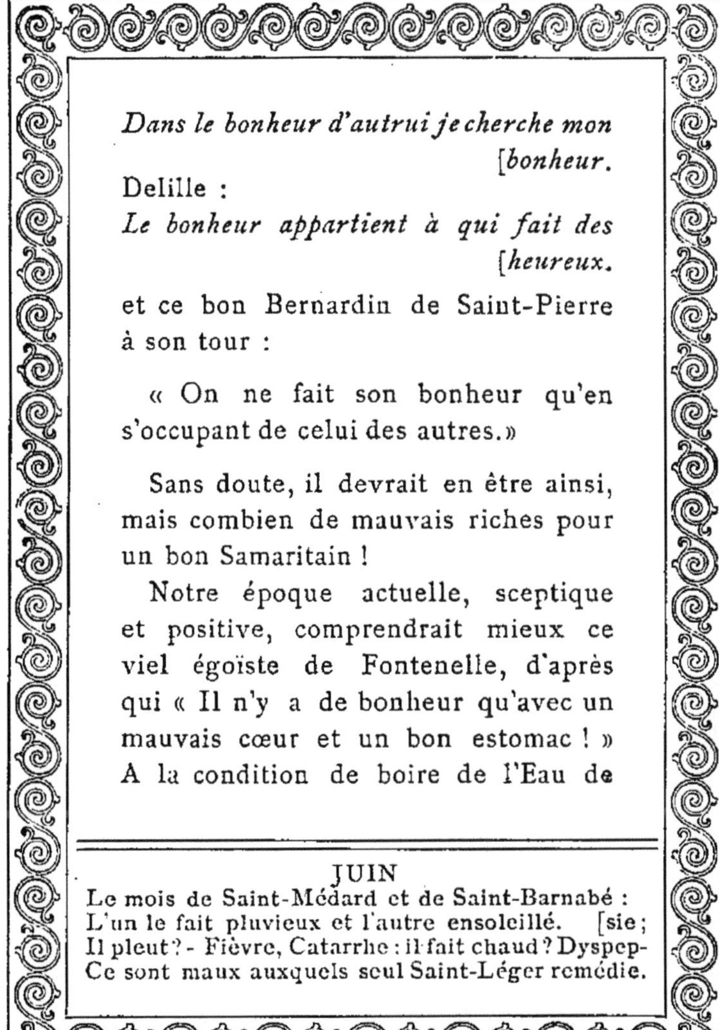

Dans le bonheur d'autrui je cherche mon
[bonheur.

Delille :

Le bonheur appartient à qui fait des
[heureux.

et ce bon Bernardin de Saint-Pierre
à son tour :

« On ne fait son bonheur qu'en
s'occupant de celui des autres.»

Sans doute, il devrait en être ainsi,
mais combien de mauvais riches pour
un bon Samaritain !

Notre époque actuelle, sceptique
et positive, comprendrait mieux ce
viel égoïste de Fontenelle, d'après
qui « Il n'y a de bonheur qu'avec un
mauvais cœur et un bon estomac ! »
A la condition de boire de l'Eau de

JUIN

Le mois de Saint-Médard et de Saint-Barnabé :
L'un le fait pluvieux et l'autre ensoleillé.   [sie ;
Il pleut ? - Fièvre, Catarrhe : il fait chaud ? Dyspep-
Ce sont maux auxquels seul Saint-Léger remédie.

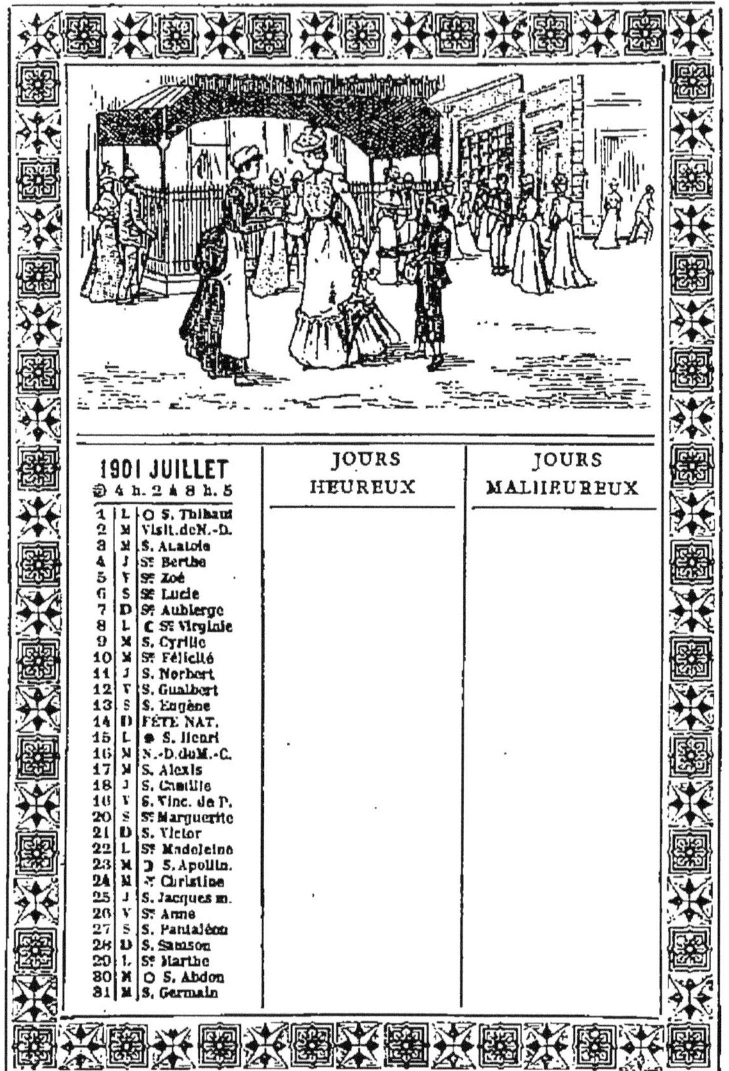

1901 JUILLET

☽ 4 h. 2 ☀ 8 h. 5

1	L	☉ S. Thibaut
2	M	Visit. de N.-D.
3	M	S. Anatole
4	J	Sⁱ Berthe
5	V	Sⁱ Zoé
6	S	Sⁱ Lucie
7	D	Sⁱ Aubierge
8	L	☾ Sⁱ Virginie
9	M	S. Cyrille
10	M	Sⁱ Félicité
11	J	S. Norbert
12	V	S. Gualbert
13	S	S. Eugène
14	D	FÊTE NAT.
15	L	● S. Henri
16	M	N.-D. du M.-C.
17	M	S. Alexis
18	J	S. Camille
19	V	S. Vinc. de P.
20	S	Sⁱ Marguerite
21	D	S. Victor
22	L	Sⁱ Madeleine
23	M	☽ S. Apollin.
24	M	⚹ Christine
25	J	S. Jacques m.
26	V	Sⁱ Anne
27	S	S. Pantaléon
28	D	S. Samson
29	L	Sⁱ Marthe
30	M	○ S. Abdon
31	M	S. Germain

JOURS HEUREUX	JOURS MALHEUREUX

Pougues, aurait ajouté Fagon, qui venait d'en prescrire l'usage à Louis XIV.

Quant à « L'argent ne fait pas le bonheur », il faut vraiment n'avoir jamais eu besoin de cinquante louis, et même moins, pour croire que cette bête de phrase est empruntée à la sagesse des nations.

Le bonheur ne serait-il pas tout simplement de nous contenter de notre sort ? Il se réduirait alors au « bon sens », selon Mme de Lestang, ou à « l'habitude », comme le voulait Chateaubriand, mais non point toutefois celle des plaisirs, et c'est le cas de citer le chevalier de Boufflers :

Plaisir est le bonheur des fous,
Bonheur est le plaisir des sages.

JUILLET
Mois des fortes chaleurs et de la canicule,
Où l'organisme est faible et l'activité nulle.
Une saison s'impose à Pougues en Nivernois,
Toujours en faveur comme au temps de nos Rois.

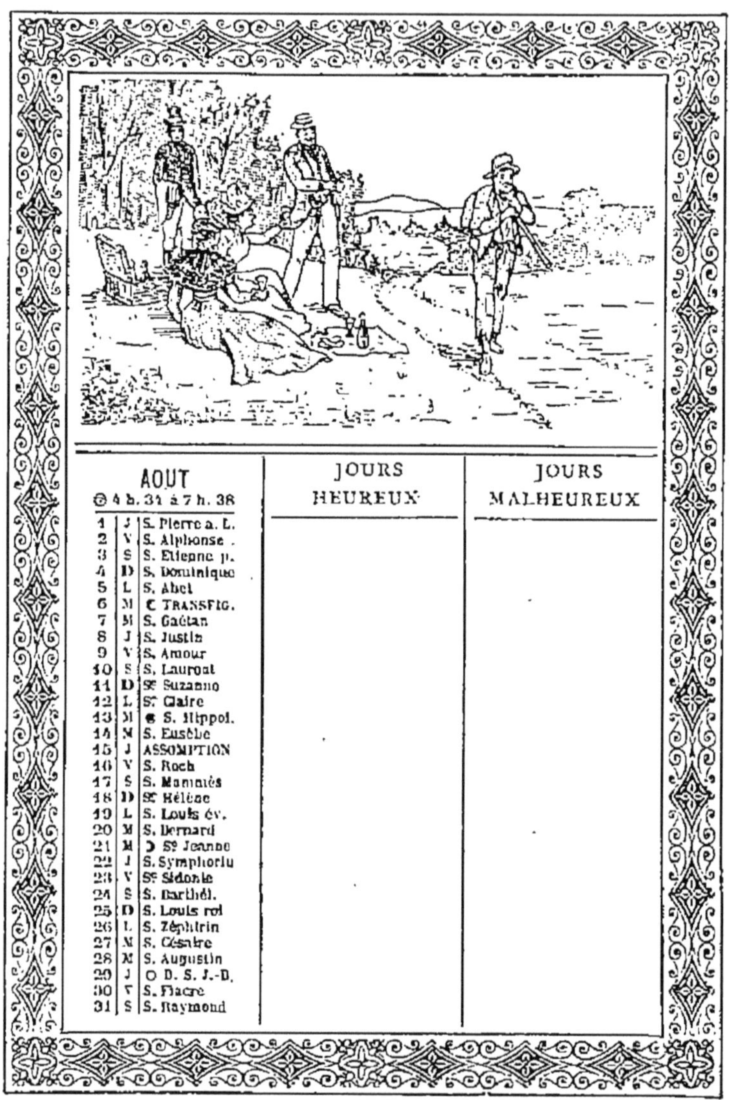

AOUT

☉ 4 h. 31 à 7 h. 38

			JOURS HEUREUX	JOURS MALHEUREUX
1	J	S. Pierre a. L.		
2	V	S. Alphonse .		
3	S	S. Etienne p.		
4	D	S. Dominique		
5	L	S. Abel		
6	M	ℂ TRANSFIG.		
7	M	S. Gaétan		
8	J	S. Justin		
9	V	S. Amour		
10	S	S. Laurent		
11	D	Sᵉ Suzanne		
12	L	Sᵉ Claire		
13	M	● S. Hippol.		
14	M	S. Eusèbe		
15	J	ASSOMPTION		
16	V	S. Roch		
17	S	S. Mammès		
18	D	Sᵉ Hélène		
19	L	S. Louis év.		
20	M	S. Bernard		
21	M	☽ Sᵉ Jeanne		
22	J	S. Symphorin		
23	V	Sᵉ Sidonie		
24	S	S. Barthél.		
25	D	S. Louis roi		
26	L	S. Zéphirin		
27	M	S. Césaire		
28	M	S. Augustin		
29	J	○ D. S. J.-B.		
30	V	S. Fiacre		
31	S	S. Raymond		

Au fond, nous ne sommes guère heureux que par minutes, par bribes, et c'est, sans doute, cette rareté des jours de bonheur qui a inspiré à M. André Theuriet cette pensée : « Nous ne devrions parler de bonheur qu'à voix basse et toutes portes closes, afin de ne pas éveiller l'Infélicité qui sommeille non loin de nous et apparaît tout à coup comme une jeteuse de sorts. »

En somme, pour être heureux, beaucoup de formules et peu de moyens, et, devant son impuissance, au lieu de ne s'en prendre qu'à lui-même de l'absence d'un bonheur qu'il laisse souvent échapper, l'homme a préféré s'en prendre au Destin ; Dieu sait cependant comme le Destin le traite :

AOUT

Pour guérir sa Gastrite et ses Maux d'Estomac,
Vers Pougues-Saint-Léger le malade se hâte,
Avide de cette eau si pure, où n'entre pas
Le bacille fatal réduit par Kock en pâte.

SEPTEMBRE
☽ 5 h. 17 à 6 h. 42

		JOURS HEUREUX	JOURS MALHEUREUX
1	D	S. Gilles	
2	L	S. Lazare	
3	M	S. Grégoire	
4	M	St Rosalie	
5	J	☾ S. Bertin	
6	V	S. Onésiphore	
7	S	S. Cloud	
8	D	LA NATIVITÉ	
9	L	S. Omer	
10	M	St Pulchérie	
11	M	S. Hyacinthe	
12	J	● S. Raphael	
13	V	S. Maurille	
14	S	Ex. de St Cr.	
15	D	S. Nicomède	
16	L	S. Cyprien	
17	M	S. Lambert	
18	M	St Sophie	
19	J	S. Janvier	
20	V	☾ S. Eustache	
21	S	S. Mathieu	
22	D	S. Maurice	
23	L	AUTOMNE	
24	M	S. Andoche	
25	M	S. Firmin	
26	J	St Justine	
27	V	○ S. Cosme	
28	S	S. Venceslas	
29	D	S. Michel	
30	L	S. Jérôme	

Ah ! du Destin l'homme ici-bas
N'est que la marionnette

chante Béranger.

Aussi voyons-nous de tout temps
l'homme se faire à l'idée de deux
forces supérieures :

« La Providence ou la Fatalité »,
ou encore :

« La bonne ou la mauvaise étoile ».

L'étoile est le destin particularisé ;
c'est la puissance mystérieuse qui
préside à chaque destinée indivi-
duelle.

« Chacun son étoile », « Etre né
sous une bonne ou sous une mauvaise
étoile », « Maudire son étoile »,
« J'admire votre heureuse étoile »,
« Son étoile pâlit », sont autant d'ex-

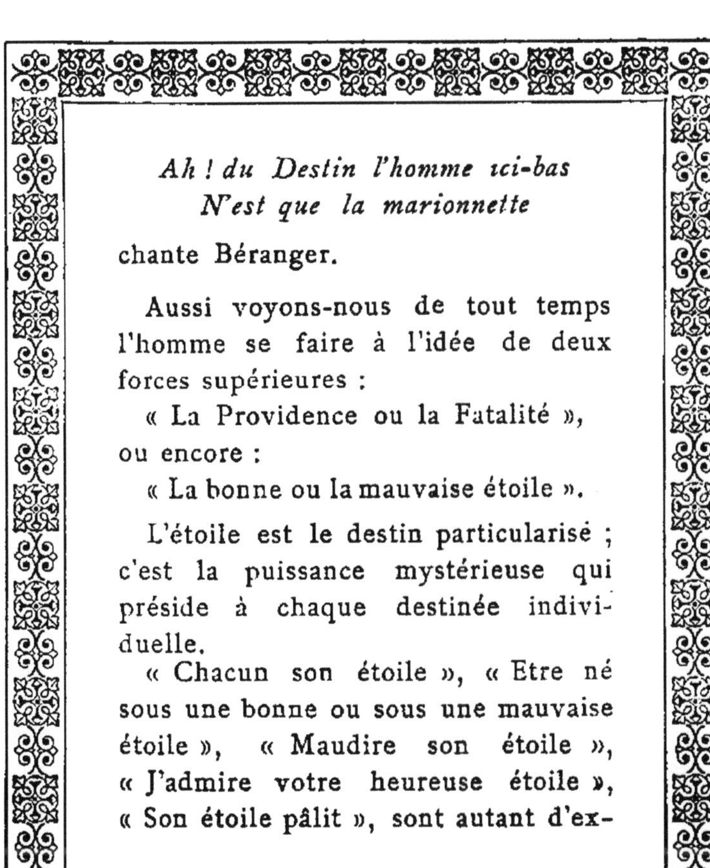

SEPTEMBRE

Joyeux collégiens, chasseurs fiers au danger
Demandez la vigueur à l'eau de Saint-Léger,
Qui fait l'estomac fort et l'appétit robuste.
Claude, s'il en eût bu, se fût ri de Locuste.

OCTOBRE			JOURS HEUREUX	JOURS MALHEUREUX
☾ 6 h. 0 à 5 h. 39				
1	M	S. Remi		
2	M	SS. Aug. gar.		
3	J	S. Fauste		
4	V	☾ S. Fr. d'Ass.		
5	S	S. Placide		
6	D	S. Bruno		
7	L	S. Serge		
8	M	S⁺ Brigitte		
9	M	S. Denys év.		
10	J	S. Fr. Borgia		
11	V	S. Probe		
12	S	● S. Séraphin		
13	D	S. Edouard		
14	L	S. Calixte		
15	M	S⁺ Thérèse		
16	M	S. Gal		
17	J	S⁺ Edvige		
18	V	S. Luc		
19	S	S. Savinien		
20	D	☽ S. Aurélien		
21	L	S⁺ Ursule		
22	M	S. Moléran		
23	M	S. Hilarion		
24	J	S. Magloire		
25	V	S. Crepin		
26	S	S. Evariste		
27	D	○ S. Frum.		
28	L	S. Sim. S. Jud.		
29	M	S. Narcisse		
30	M	S. Arsène		
31	J	S. Quentin		

pressions dénotant l'état d'esprit de
l'homme à la recherche des forces
qui le dominent ou le guident.

> *Berger, tu dis que notre étoile*
> *Régle nos jours et brille au cieux,*

chante Béranger.

> *Sous quel astre, bon Dieu, faut-il que je*
> *[sois né*
> *Pour être de fâcheux toujours environné ?*

s'écrie Ergaste dans *les Fâcheux.*

> *Quel astre agit sur nous avec tant de*
> *[rigueur ?*

demande un personnage de Corneille.

OCTOBRE

C'est le mois où Pomone apporte dans son char
Embaumé les fruits d'or, et Bacchus son nectar.
C'est encore Saint-Léger, tonique et stimulante
Qui préviendra les maux que leur abus enfante.

NOVEMBRE

☉ 6 h. 47 à 4 h. 39

1	V	TOUSSAINT
2	S	☾ TRÉPASSÉS
3	D	S. Hubert
4	L	S. Charles
5	M	St Bertille
6	M	S. Léonard
7	J	S. Ernest
8	V	RELIQUES
9	S	S. Mathurin
10	D	● S. Juste
11	L	S. Martin
12	M	S. René
13	M	S. Brice
14	J	St Philomène
15	V	St Eugénie
16	S	S. Edme
17	D	S. Aguan
18	L	☽ S. Romain
19	M	St Elisabeth
20	M	S. Edmond
21	J	Pr. de N.-D.
22	V	St Cécile
23	S	S. Clément
24	D	St Flora
25	L	O St Cather.
26	M	St Delphine
27	M	S. Maxime
28	J	S. Sosthène
29	V	S. Saturnin
30	S	S. André

FONDERIE DEDERNY

	JOURS HEUREUX	JOURS MALHEUREUX

La poésie s'est emparée de cette conception ; elle en a tiré de tout temps ses plus ingénieuses et brillantes images, lui faisant ainsi traverser les siècles sous une forme éminemment séduisante.

Comme dans les poètes, les Kabbalistes ont aussi trouvé des adeptes dans les maîtres de la médecine antique

Ainsi le divin Hippocrate croyait à l'action des astres dans la production des maladies.

Galien, en admettant aussi l'action des autres astres, planètes ou étoiles, se préoccupe surtout de la lune.

Paracelse admet cinq classes d'influences morbifiques, parmi lesquelles l'influence astrale.

NOVEMBRE

O mois pernicieux! tu nous déséquilibres
Le cerveau, l'estomac, les muscles et les fibres!
Carabana combat toute Congestion ;
Sûr est son résultat, prompte est son action.

DÉCEMB. 1901

☽ 7 h. 33 à 4 h. 4

1	D	AVENT
2	L	C S͏ͤ Aurélie
3	M	S. Fr. Xavier
4	M	S͏ͤ Barbe
5	J	S. Sabas
6	V	S. Nicolas
7	S	S. Ambroise
8	D	Immac. conc.
9	L	S͏ͤ Léocadie
10	M	● S͏ͤ Valérie
11	M	S. Damase
12	J	S͏ͤ Constance
13	V	S͏ͤ Luce
14	S	S. Nicaise
15	D	S. Mesmin
16	L	S͏ͤ Adélaïde
17	M	S͏ͤ Olympiade
18	M	☽ S. Gatien
19	J	S. Timoléon
20	V	S͏ͤ Philogone
21	S	S. Thomas
22	D	HIVER
23	L	S͏ͤ Victoire
24	M	S͏ͤ Emilienne
25	M	O NOEL
26	J	S. Etienne
27	V	S. Jean ap.
28	S	SS. Innocents
29	D	S͏ͤ Eléonore
30	L	S. Sabin
31	M	S. Sylvestre

JOURS HEUREUX	JOURS MALHEUREUX

Ce n'était pas assez des astres ;
dans sa recherche des causes exté-
rieures pouvant influer sur sa bonne
ou sa mauvaise fortune, l'homme est
allé jusqu'à accuser les heures d'exer-
cer une action favorable ou défavo-
rable !

Ainsi une croyance hindoue remon-
tant à la plus haute antiquité sanscrite,
attribue à certaines heures une influence heureuse ou néfaste, selon les
jours.

L'heure néfaste, Irâghou Kâlam,
vulgairement Rakalon, se compense
naturellement par le Koulhighei Kâlam, l'heure où il est de bon augure
de commencer une entreprise. Voici,
à titre de curiosité, le tableau de ces
heures :

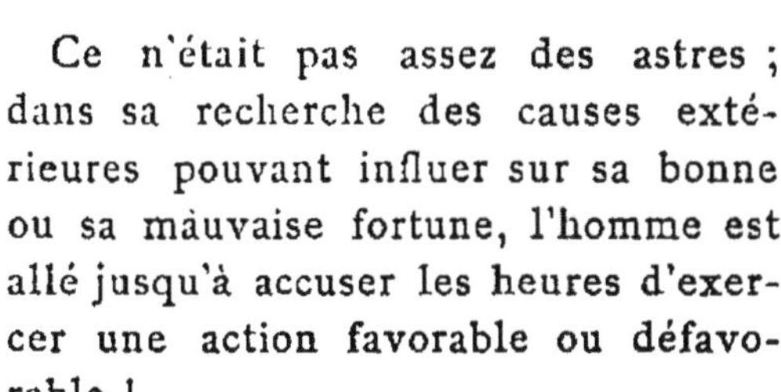

DÉCEMBRE

Mois des noëls joyeux et des copieux festins :
Admirable matière à mettre en vers latins !
Saint-Léger nous rendra ces agapes légères,
En activant le sang, les reins et les viscères.

L'eau toni-alcaline de
POUGUES SAINT-LÉGER
régularise les grandes
fonctions qui constituent
l'acte capital
de la nutrition ;
aussi est-elle sans rivale
dans le traitement de la
NEURASTHÉNIE,
des Dyspepsies,
Anémies, Chloroses,
etc., etc.
C'est donc l'eau de
régime par excellence
pour les faibles
et les convalescents
A son usage il faut
ajouter la liberté et la
tonicité de l'intestin par
l'emploi périodique de l'
Eau purgative antiseptique
de CARABAÑA

Jours	Heures favorables	Heures néfastes
Dimanche..	le soir de 3 h. à 4 h. 1/2.	le soir de 4 h. 1/2 à 6 h.
Lundi	le soir de 1 h.1/2 à 3 h.	le mat. de 7 h. 1/2 à 9 h.
Mardi	de midi à 1 h.1/2	le soir de 3 h. à 4 h. 1/2.
Mercredi...	le mat. de 10 h. 1/2 à midi.	de midi à 1 h. 1/2.
Jeudi.......	le matin de 9 h. à 12 h. 1/2.	le soir de 1 h. 1/2 à 3 h.
Vendredi...	le mat. de 7. h. 1/2 à 9 h.	le m. de 10 h. 1/2 à midi.
Samedi.....	le matin de 6 h. à 7 h. 1[2.	le mat. de 9 h. à 10 h. 1/2.

Après tout, pourquoi n'y aurait-il pas autre chose que les lois obscures de l'hérédité, une autre influence que celle du milieu dans lequel nous sommes jetés, de l'éducation reçue, de la pression extérieure des nécessités de la vie?

L'imagination seule est-elle intervenue pour créer l'influence lointaine

de l'esprit planétaire sur les destinées
humaines ? Peut-être.

En tout cas, si ces mystères n'ont
pas de réalité objective, pourquoi n'en
auraient-ils pas une subjective ?

Mais je m'arrête, ami lecteur, et
après ces avis des sages et ces conseils
des philosophes, je ne veux que te
souhaiter d'avoir à marquer de beaucoup de pierres blanches le « Grand
Livre relié en cuir vert avec des coins
de cuivre », que nous t'offrons pour
y inscrire par *doit* et *avoir*, « tes bons
moments et tes fichus quarts d'heure. »

Acheve d'imprimer le 31 décembre 1900
par la Maison M. Pigelet
pour la Compagnie des Eaux minérales,
de Pougues et de Carabana

www.ingramcontent.com/pod-product-compliance
Ingram Content Group UK Ltd.
Pitfield, Milton Keynes, MK11 3LW, UK
UKHW021158140726
13695UKWH00005B/2205